Le camp

Texte de Stéphanie Ledu
Illustrations de Ninie

MiLAN

C'est les vacances. Et si
on partait camper ?

Il ne faut rien oublier : matelas gonflables,
sacs de couchage, table pliante, glacière,
réchaud… tout y est.

GAZ

La **tente** est comme une petite maison.
Elle est facile à **monter** et à replier.
Mais, si on vient de l'acheter, mieux vaut
s'entraîner dans son jardin d'abord !

En route !
Camping à la ferme, en montagne,
au bord d'une rivière...

CAMPING

CAMPING
À LA FERME
miel
oeufs
légumes

6

Camping
à la
Montagne
→ → →

chalets à louer

MER

... il existe des milliers de terrains prêts
à accueillir les vacanciers. Mais cette année
les amis ont choisi d'aller à la mer !

7

Voici le camping des Mouettes.
En été, il affiche **complet**. Heureusement,
les nouveaux arrivants ont **réservé** leurs places.

8

L'hôtesse d'accueil leur montre le plan :
« Vous aurez l'emplacement n° 8, dans le coin
des tentes. Et vous le mobile home 14 ! »

ACCUEIL
Camping
les mouettes
★ ★ ★
PLAN
courrier
AB CD EF
GH IJ KL
MN OP QR
ST UV WX YZ
1€
KARAOKÉ

Ici, on peut s'informer sur les animations
du camping et les lieux de la région à visiter.
Impossible de s'ennuyer !

9

Après avoir **aplani** le terrain et enlevé les petits cailloux, on installe la tente. Elle est fixée au sol par des piquets de fer appelés **sardines**. Zut, celle-ci est toute tordue.

Aussitôt le voisin propose d'en prêter une. C'est l'occasion de faire connaissance. Les enfants sont déjà copains !

Avec le **mobile home**, pas de surprises :
il est très pratique et tout équipé.

Camping les Mouettes

Allez hop, tout le monde en maillot !
Le camping possède un accès direct
à la plage.

Aujourd'hui, la mer est un peu froide.
Les plus courageux se jettent à l'eau.

Des enfants vont au club, où sont proposés de grands jeux.
Qui veut participer au concours de châteaux de sable ?

13

Après un après-midi à la plage,
on est plein de sel et de sable.

Tout le monde file aux sanitaires prendre une bonne douche. Il y en a même une destinée aux chiens !

Des **bacs** sont réservés à la lessive, d'autres à la vaisselle.

LINGE

BACS À VAISSELLE

COQUILLAGES POISSONS

La nuit est tombée. **Chuuut** ! À partir de 22 heures, les **résidents** du camping ne doivent plus faire de bruit.

Sous la tente, on dort bien : il fait frais,
on entend la mer au loin... Et ça ? « BzZZ » :
c'est un moustique ! Mais grâce à la **moustiquaire**,
un tissu à mailles très fines, il ne pourra pas entrer.

Il fait beau aujourd'hui encore. Entre la piscine, le ping-pong, le minigolf, le volley, l'aire de jeux et le terrain de pétanque, il y en a pour tous les goûts !

18

19

Si on veut, on n'a même pas besoin de sortir du camping.
Tout est prévu : on peut boire un verre ou acheter une glace
à la buvette, manger au restaurant...

Snack ★ Bar

PIZZERIA

PIZZA

20

SUPÉRETTE

PROMO 3€

Pêches 1,50€/kg

Pour faire ses courses, il y a aussi une supérette.

Camper, c'est amusant, sauf quand il se met
à pleuvoir... Brrr, tout devient froid et humide.

« Venez vous **abriter** chez nous ! »
Les **caravaniers** proposent gentiment
de faire une partie de cartes sous l'**auvent**.
Au camping, tout le monde s'entraide.

Et si on en profitait pour visiter la caravane ?
À l'intérieur, il y a une vraie cuisine,
une petite salle de bains et la télévision.

Le soir, on rabat la table
et on déplie le lit.
Quel confort !

Il existe plein d'autres façons de camper.

Avec un **camping-car**, on se déplace sans cesse. Les propriétaires de ces gros véhicules visitent le pays en faisant des étapes.

Le soir, ils s'arrêtent sur des **aires** spéciales
où ils peuvent vider leurs eaux sales, faire le plein
d'eau propre, trouver de l'électricité...

27

Encore plus original : des campings proposent de loger dans une roulotte, un tipi d'Indiens, une yourte mongole ou encore une cabane perchée.

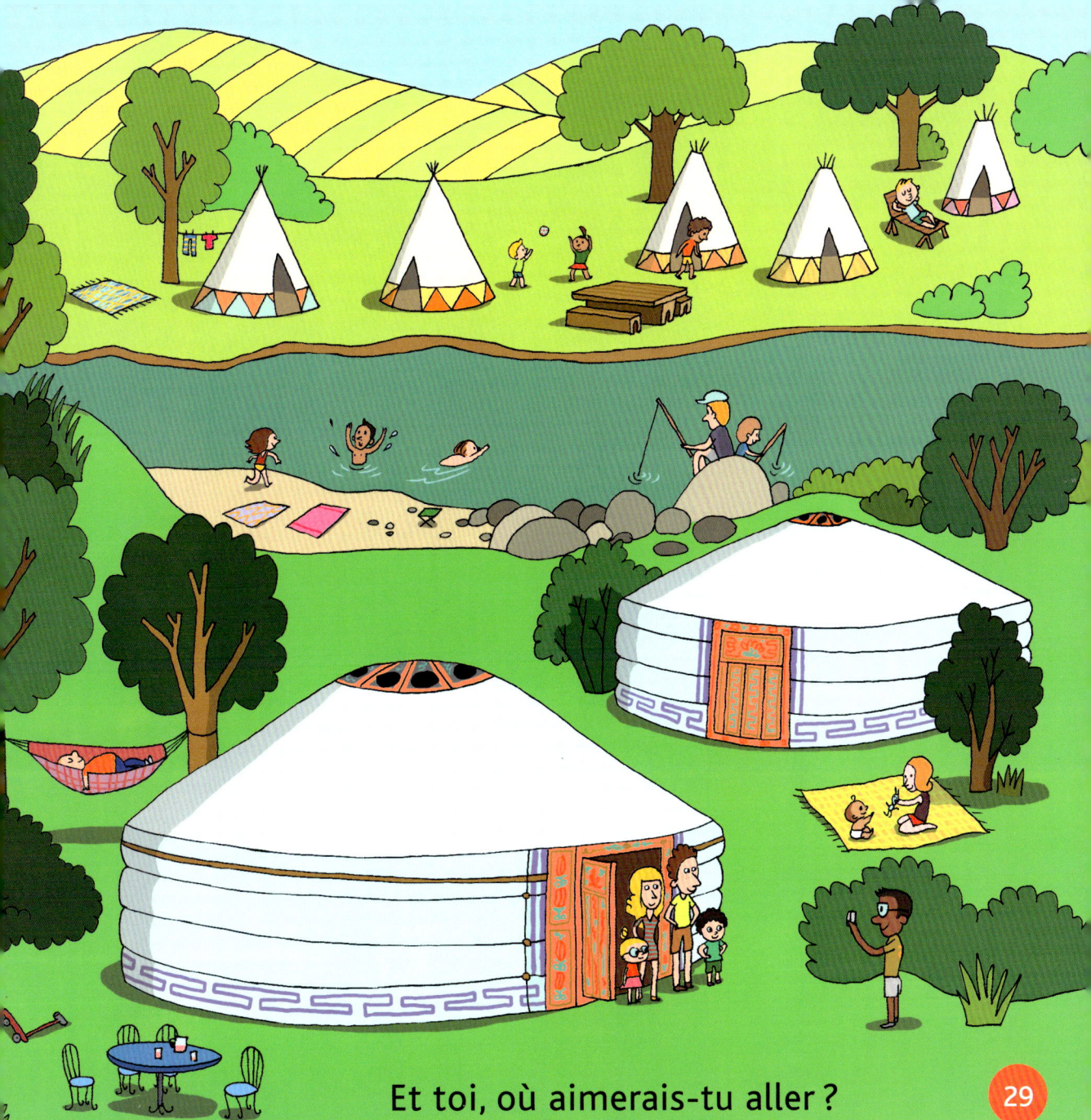

Et toi, où aimerais-tu aller ?

29

Découvre tous les titres
de la collection

Mes P'tits DOCS

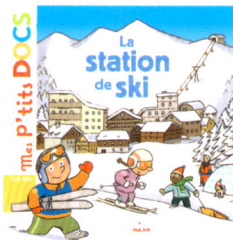

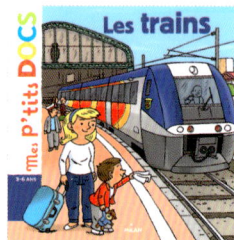

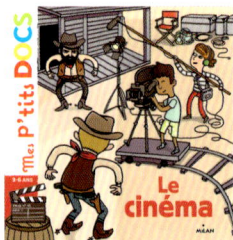

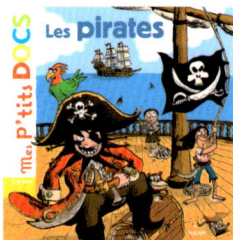

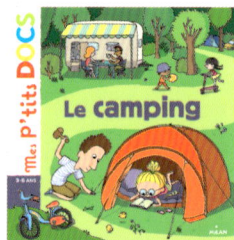

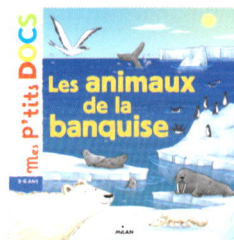

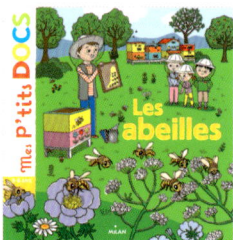

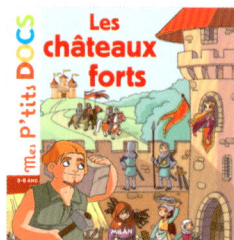

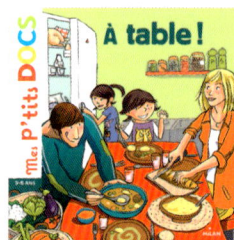

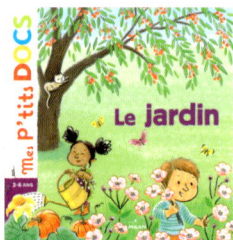

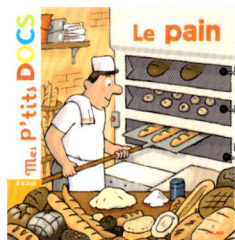

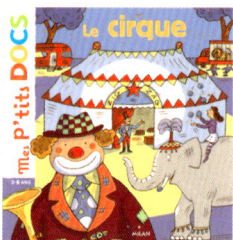

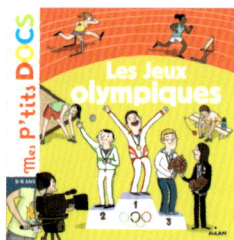

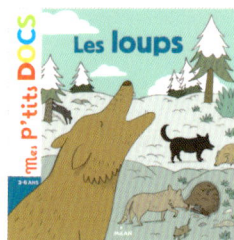

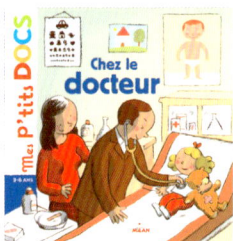

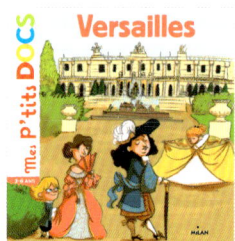

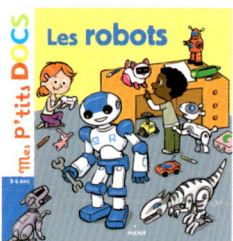

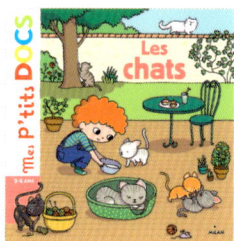

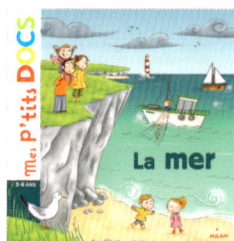